U0558625

高效自学法

家长不用管，孩子自己学，成绩噌噌涨

［日］叶一◎著 富雁红◎译

台海出版社

北京市版权局著作权合同登记号：图字01-2022-5999

图书在版编目（CIP）数据

高效自学法 /（日）叶一著；富雁红译. -- 北京：台海出版社, 2023.5
ISBN 978-7-5168-3511-1

Ⅰ.①高… Ⅱ.①叶…②富… Ⅲ.①中小学生-学习方法 Ⅳ.①G632.46

中国国家版本馆CIP数据核字(2023)第042457号

高效自学法

著　　者：〔日〕叶一	译　　者：富雁红
出版人：蔡　旭	封面设计：红杉林
责任编辑：戴　晨	

出版发行：台海出版社
地　　址：北京市东城区景山东街20号　　邮政编码：100009
电　　话：010-64041652（发行，邮购）
传　　真：010-84045799（总编室）
网　　址：www.taimeng.org.cn/thcbs/default.htm
E－mail：thcbs@126.com

经　　销：全国各地新华书店
印　　刷：天津中印联印务有限公司
本书如有破损、缺页、装订错误，请与本社联系调换

开　　本：880毫米×1230毫米　　1/32
字　　数：95千字　　　　　　　　印　　张：6.25
版　　次：2023年5月第1版　　　　印　　次：2023年5月第1次印刷
书　　号：ISBN 978-7-5168-3511-1

定　　价：52.00元

能让学生有效提升成绩的学习法

·自学也能取得优异成绩的学生们

　　我从2012年开始运营视频网站频道——"某个男人在试着讲课"，为小学生、初中生、高中生免费提供教学视频和介绍学习方法的视频，每天都会拍摄新的视频。

　　我最初只是想让那些无法上学或者不能去补习班的孩子也有学习的机会。现在，无论是去不了补习班的孩子，还是擅长或不擅长学习的孩子，都在看我的视频，还有老师向学生推荐了我的视频，真的非常感谢。

虽然如此，我制作学习视频的初衷并没有改变。2020年12月，我出版了《不补课也可以让成绩直线上升！高效学习的强化书》，书中向那些独自居家学习的孩子介绍了居家学习的优势、习惯养成、制订学习计划的方法等重要内容和技巧。感谢读者的厚爱，这本书成为学习参考类书籍中少有的畅销书。

我一直对此半信半疑，直到收到读者大量的反馈，才真切地意识到这本书的影响力之大。

比如，作为主要读者的初中生和高中生对此书的评论是这样的：

"我明年就要高考了，但是并没有参加补习班。所以，这本书对于目前的我来说是非常适合的。"

"看到周围的同学都在补课，我感到很焦虑。但是，这本书坚定了我自己通过自主高效学习也能够取得好成绩的决心！"

"这本书是我参加高考的护身符，每天随身携带！"

"每个主题都有总结，阅读起来很方便。平时我就很喜欢看叶一老师的视频，掌握了如何学习的方法，很有参考价值。"

同时，家长也做出了评价：

"这本书我和孩子都在阅读和照着实践，书中介绍了如何培养孩子的学习主动性等重要内容。"

"孩子上初二，利用新冠疫情停课在家的机会，把叶一老师的视频作为教材来学习。这本书的内容也成为孩子养成良好学习习惯的指南，非常感谢这本书和这些视频。"

"这本书创造了家长和孩子共同思考未来的契机。"

能够帮助这么多的人去积极地面对学习，我感到无比的高兴。

· 用图解的方式诠释高效自学法，即使是不擅长
  阅读的孩子也能轻松地读懂！

　　不过，我忽然想到，如果我自己在上中学的时候遇到
了这本书，会买来看吗？因为初中时的我几乎只看漫画
书，从来不看纯文字类的书籍。

　　因此，当出版社建议我将书中的部分文字内容结合漫
画的形式表现出来，以便让更多的孩子轻松地读懂并有自
信实践文中的学习方法时，我立即表示赞成。

　　尤其是看到漫画草稿以后，我更加确信，如果我是初
中生，一定会购买的。

　　我也会出现在漫画中，为三个孩子讲解如何居家学习。

　　漫画的主人公是上一本书的封面插图中的女孩子，名

叫丽奈。上了初中以后，她烦恼于社团活动和学习之间的平衡，跟小学时相比，考试成绩一落千丈。

丽奈的弟弟名叫龙也，喜欢打游戏，没有良好的学习习惯。

还有一个人物是足球部的队长，名叫阿树，是丽奈的青梅竹马，即将参加中考，挑战难度很大的重点高中。

虽然三人的情况各不相同，但他们对待居家学习的方式，都毫无保留地嵌入了上一部作品的精华。对于漫画中无法完全体现的内容，将作为"高效提升考试成绩的秘密"部分，以与漫画人物对话的形式进行解说。这会比上一部作品更容易令人接受，更便于理解。

而且，读过上一部作品的读者也一定会在阅读本书的过程中，在追踪剧情的体验中，有新的发现。

我真正想传达的内容本身和上一部作品一样，都是希望能够让十几岁的孩子拓展未来的无限可能，掌握居家学习的技巧。我认为每个学生都需要拥有这种能力。

就像本书的漫画人物一样，我衷心地希望这本书能够消除孩子们在学习上的烦恼，让孩子们拥有前进的动力。

目 录

学习主人公介绍

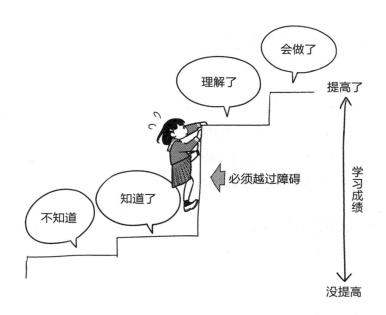

第一部分　高效提升考试成绩的秘密

第一章　改造学习方法的有效途径

第二章　快乐学习习惯养成攻略

第二部分　图解高效自学法

华原丽奈

　　本书的主人公，初一学生，加入了羽毛球部。有一个读小学四年级的弟弟。她跟不上初中的学习进度，跟小学时相比，成绩一落千丈，备受打击。

华原龙也

　　丽奈的弟弟，四年级小学生，喜欢玩游戏，没有养成良好的学习习惯，对学习总是提不起兴趣，经常被妈妈训斥。

神谷树

丽奈的好朋友，学校足球部的队长，本来可以作为体育生被保送到足球强校庆早高中……

叶一

老师，面向小学生、初中生、高中生传授高效的自学方法，并受到广大老师和学生的喜爱。

第一部分

高效提升考试成绩的秘密

第一章

改造学习方法的有效途径

高效学习的三大好处

· 具备了居家高效学习的能力，孩子就会主动爱上学习

叶一：如果你正在为学习发愁，就一定要掌握能够自己主动居家高效学习的能力。

丽奈：居家高效学习的能力？

叶一：掌握了这个"居家高效学习的能力"，有三大好处。

丽奈：不去补习班，在家里学习，第一个好处肯定就是不花钱嘛。

叶一：你有去补习班吗？

丽奈：呃……我没去，妈妈不让我去！

叶一：有很多孩子想返校学习或者去补习班提升学习成绩，却因为疫情或者经济原因去不了。这些孩子只要掌握了居家学习的能力，成绩一定不亚于那些参加补习班的孩子。
而且，居家高效学习不但能省钱，还能节约去补习班的时间。

丽奈：那么，第二个好处"富有创意和乐趣"是什么意思呢？学习怎么可能有乐趣呢？！

居家高效学习的三大好处

好处1 不用花钱也能提高成绩。
打破因经济实力差异造成的成绩差异现象！

好处2 富有创意和乐趣。
可以根据自己的生活方式和特点来制订学习方法和学习计划，所以学习本身成了一种富有创意的活动。具备这种能力，在将来步入社会后也是很有用的。

好处3 因为产生了主动性，所以提高了吸收知识的能力。
从只在学校和补习班学习，到自己主动学习，孩子的态度发生了变化。他们不再有被强迫的感觉，具备了自主行动和学习的主动性，能够提高吸收知识的能力。

叶一：不是这样的。你有参加课外活动吗？

放学后或者周末会去参加课外活动吧？

丽奈：嗯，我是羽毛球部的。我每天回来都很累，只想吃完饭就洗个澡睡觉。今天也是这么打算的。

不过，这和学习有什么关系呢？

叶一：关系很大啊。如果掌握了居家学习的能力，就可以根据自己的生活方式制订学习方法和学习计划。学习本身变成了一种创意性思维，所以你会觉得很开心。

根据所处的环境、特长和目的来调整自己，这是你以后成为一名社会人士后非常重要的能力。

丽奈：社会人士？我现在完全无感。学校的学习就已经让我身心俱疲了。

叶一：好吧，请再给我点时间。

接下来的第三个好处"因为产生了主动性，所以提高了吸收知识的能力"是最重要的。

你在学校上课的时候困不困？

丽奈：嗯，困呀。跟小学相比，初中上课的时间延长了，注意力无法持续集中。老师讲的内容也越来越听不懂。

叶一：你觉得是什么原因呢？其实这是因为你在听课的时候处于一种"被动"的状态。"单向灌输""被强迫的感觉"一定是很无聊的，所以肯定会犯困。但是，掌握了自主学习能力的孩子因为有了"自主行动"的主动性，所以吸收知识的能力也会相应提高。

丽奈：什么是"主动性"啊？你用这么难懂的词，让我更困了！你是说，只要掌握了居家学习的能力，就不会犯困了吗？我不相信！

叶一：不，说实话，有时还是会犯困的。这很正常。但是，比起在学校或者课后补习班的"单向灌输"，"自主行动"是更不容易犯困的哦。这种"自主学习"的形式，就是主动性。

·计划偏离时，可以设定预备日作为弥补项

"制订计划就应该按时完成！"这其实是一句很容易让人误解的话。

我们每个人制订计划时，最开始的设想都是希望制订的计划能够按时完成。但另一方面，我们要意识到世上没有十全十美的计划，会出现有临时性的事项而导致计划落空的情况。所以千万不要有计划稍微没有执行到位就立马彻底放弃的念头。

如果碰到突发情况或者计划有变，千万不要着急。

我们可以：

·按照事情的轻重缓急减少当天预计要做的个别

事项。

 · 制订计划的时候就有意识地富余几天时间出来。

　　每个人拥有的时间都是有限的。把优先顺序高的事项作为重点进行优先处理，再做后续事情的时候，很容易产生因为还有富余的时间，所以可以以从容的心态完成计划的积极情绪，计划也很容易顺利或者超前完成。即便在时间紧迫的情况下，优先处理重点事项也是非常有效的策略。

"感觉明白了"和"理解会做了"完全不同

·越过"理解了"和"会做了"的障碍

丽奈：我试着去做"错题集"里的题目，却怎么也做不
　　　出来。

叶一：你觉得是为什么呢?

丽奈：我就是不知道才问的嘛!

看了答案我才知道"哦，原来是这样啊"。我可能
真的很笨……

叶一：不是那样的。这可能是因为你正处于"感觉明白
了""感觉会做了"的状态。

丽奈：啊！那是什么意思？

叶一：比如语文的阅读理解问题——
"哪个选项最接近作者此时的想法？"这是个三选
一的题目。（因为著作权，我的授课视频很少讲解
阅读理解的问题。）
假设你选的是"A"，但其实正确答案是"C"，
这时，你会不会去思考为什么答案是"C"，或者
去看看答案的讲解呢？

丽奈：我嫌太麻烦，懒得看……
"原来答案是'C'啊……嗯，这么一想，好像确

实挺有道理"，我顶多就是这样的感觉。

叶一：这就是为什么人们往往会"感觉自己已经明白了"。
如果不能真正理解为什么"C"是正确答案，仅仅
是标上对错的话，下次遇到类似的题目，或者选项
的顺序变换了，还是会答错的。

可以说，"感觉明白了"是指记住了某个选项，而
"理解会做了"是指能够说出"为什么选这个选项"。

丽奈：但是，语文考试的时候，阅读理解的文章和教科书
上的文章肯定不会是一样的吧？因为题目不一样，
所以，做练习册或者学校考试时就算答错了也没什
么关系吧……

叶一：只要认真分析考题，就能看出出题模式是什么，这
样一来，就算是面对完全不同的文章，也能将答案
灵活运用到各种题目中。

所以，在选择语文参考书的时候（不仅是语文学科），我建议不要只看参考书中的题目，也要看看答案的"讲解"部分，再决定是否购买。

丽奈：原来是这样啊……我好像明白了。上完学校的课，再看了叶一老师的视频以后，总感觉自己弄明白了。但是否真正理解了，还是要通过自己独立解答问题才能知道。

叶一：是的。你在看"错题集"中题目的答案时，并没有看关于答案的讲解吧？

丽奈：讲解的文字太多了，我总感觉看不进去……

叶一：和刚才的阅读理解题目一样，如果只是原封不动地把答案抄上去的话，就只是"感觉自己明白了"。只有知道自己为什么做错了，为什么是这个答案，才能接近"理解了"和"会做了"。

仅仅做到"知道"的程度，
并不能达到有效提升成绩的目的

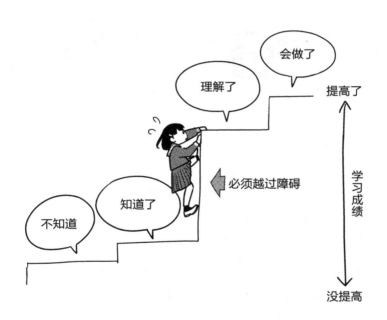

丽奈：原来如此……我以后做错的题目要看答案讲解，并且做好归纳总结。

叶一：这就对了。不仅仅是"错题集"，要想彻底摆脱"感觉明白了"的状态，就要在学习之后立刻练习相关习题，使知识点固着在大脑之中，这一点很重要。比如，每次教完教科书上的内容以后，我都会反复强调"一定要做配套的练习题"。特别是数学教科书，内容说明后面都有例题，并附有详细步骤。看到这些步骤以后，你会感觉虽然不是自己解的题，但是自己也会做了。

丽奈：我明白这种感觉。当看到答案中的解题步骤时，我会觉得很简单。而一旦要靠自己的力量去解决类似的问题，我就不知道用什么方法解题了。

叶一：是啊。所以要好好地进行复习，必须靠自己的力量解题。

如何为未来的自己做易于复习的笔记

· 是不是将"学习"当成"完成任务"了?

丽奈:好啦,做好了!叶一老师,你看!

嘿嘿,是不是很棒?我把上课时记的笔记誊抄得这

么干净整洁。

叶一:好漂亮的笔记啊。但是,这有意义吗?

丽奈：太过分了！为什么这么说？我好不容易努力做出来
　　　的。笔记当然是干净整洁的才好啊，而且，我们学
　　　校要求必须交笔记的！

叶一：是这样啊，对不起，对不起。如果一定要把笔记交
　　　给学校老师，那可能就没办法了。有的学校是这
　　　样的。
　　　但是，把记好的笔记再誊抄一遍，不是很费事吗？

丽奈：嗯，这倒是。
　　　但是，如果能工整地总结好笔记的话，会有一种
　　　"努力了"的感觉，或者说是一种满足感，感觉心
　　　情很好。

叶一：实际上，有很多学生都跟你一样，回家后把学校
　　　的笔记誊抄得干净整洁。我也见过有的学生在笔
　　　记本上使用各种颜色的笔，做出堪称"艺术品"

的笔记。这与其说是在学习，不如说是在"完成任务"。

丽奈：但是，做了总比不做好吧！你果然很过分！

叶一：对不起，对不起。
不过，同样是一个小时，是用于"学习"好呢，还是用于完成誊抄笔记的"任务"好呢？怎么做能够提升学习成绩，答案显而易见。

丽奈：是啊，还是选择"学习"才会有效果啊……

·真正工整漂亮的笔记都有规则可循

叶一：对不起，我的话让你不开心了。

　　　　虽说你的笔记需要提交给老师检查，但原则上，任
　　　　何笔记都不是为了给别人看，而是为了自己将来的
　　　　学习而记录的。所以，记笔记最重要的是便于自己
　　　　今后的学习。

丽奈：是为了自己将来的学习呀……我从没想过。

　　　　那么，什么样的笔记才便于自己将来的学习呢？

叶一：好的笔记有很多特点，但我认为最重要的一点是检
　　　　索性高，也就是说，能立刻找到需要反复回看的
　　　　地方。这种检索性要根据记笔记的人自己的规则

来设置。

丽奈：我从来没想过笔记还要有检索性，也没思考过记笔
　　　记有什么规则！

叶一：为了便于回看和复习，需要自己确定记笔记的规
　　　则，比如，每次的主题或标题都要写在页面的左上
　　　角等。如果主题或标题都在同一个位置的话，那么
　　　每次翻看笔记时，立刻就能找到要找的地方。
　　　也就是说，即使上次的笔记未记满页，当开始下一
　　　个主题的时候，也要翻到新的页面开始记录（从新
　　　的页面开始记录叫作分页），这是记笔记的诀窍之
　　　一。具体是根据单元分页，还是根据每节课程进行
　　　分页，只要选择适合自己的方式就可以了。

丽奈：但是，每次都要换新的一页，这也太浪费了。

叶一：我反而觉得空白留得越多越好，以后正好可以把发

现的补充内容添加上去。

丽奈：确实如此，如果笔记本写得密密麻麻、毫无章法的话，我真是再也不想打开看了。

叶一：是吧。另外，在记笔记的时候，不仅要记录文字内容，还要使用插图、记号、荧光笔标注等。这样更容易将内容留在记忆里哦。老师在课堂上强调的地方也可以用荧光笔涂上颜色。

我在补习班时期的一位学生，居然把笔记上特意涂色强调的内容都答错了。其实很多孩子都能记住某些内容记到哪页笔记上了，好的笔记就是要达到这种效果。

丽奈：太棒了！我以后也要进行各种尝试！

叶一：刚才我说过，创造出适合自己的笔记规则很重要。以前有一本畅销书叫作《东大录取生的笔记一定

××年×月×日 在笔记本上创造出属于自己的规则吧！

Date   /   /   No.

◆关于大标题
·在笔记本的左上角写上日期和单元标题。
·每出现一个大标题，分页一次。

这是大标题。

还有一种规则是通过画线隔开空间，右侧可以记录诸如以下的补充说明。

这是小标题。

◆关于小标题
·用图标来表示，以便清晰显示。

◆关于颜色的使用
·黑、红、蓝色笔和各种颜色的荧光笔。
·给每种颜色一个定义。

例如：
红色：需要背诵的
　　　重要词语。
蓝色：用于边框、
　　　线条等。
荧光笔：下划线。

◆关于留白
·可以多留一些，用于补记和追加记录。

◆其他
·复杂的表格或图形可以复印后粘贴在笔
　记上。
·除了老师的板书以外，还要将自己注意
　到的问题用荧光笔或插图的形式记在笔
　记上。

此处很
重要。

即使笔记页剩有空白，
也要根据主题、单元、
课程等进行分页。

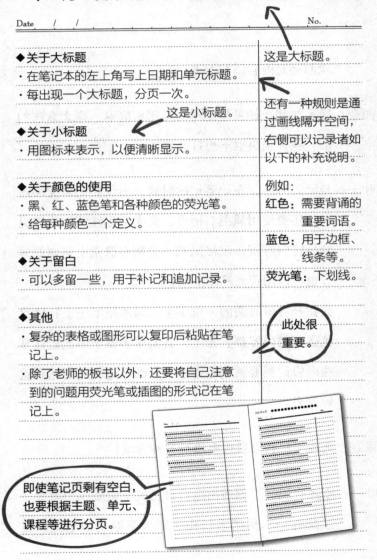

很漂亮》，我看了以后发现，果然，这些学生的笔记习惯都非常好。并不是说他们的字写得有多漂亮，而是指他们都能根据自己的笔记规则进行整理总结。

· 笔记中颜色的数量会影响可视性

叶一：刚才看了你的笔记本，感觉有点问题。

丽奈：啊？哪里有问题？你刚才不是还说我的笔记写得很
　　　漂亮吗？

叶一：嗯，漂亮是漂亮，但是感觉颜色太多了……红色、
　　　蓝色、绿色的圆珠笔加上三色的荧光笔……用红色
　　　圆珠笔写的字上面有黄色荧光笔的标记，铅笔字下
　　　面又画着绿色的下划线或者蓝色的波浪线。
　　　这些颜色代表的重要程度到底是怎样的呢？当然，
　　　笔记只要本人能看懂就行。那么，你自己重新看一
　　　下这些内容，能分出哪里是最重要的吗？

丽奈：我……我好像也不知道……难道关于笔记中颜色的
　　　使用，也需要制定规则吗？

叶一：是啊，真聪明。其实颜色越多，越容易让人眼花
　　　缭乱。
　　　那么，你觉得哪些内容需要用颜色进行区分呢？

丽奈：嗯……"重要的要点""关键词""想记住的内
　　　容"之类的？

叶一：没错。所以，需要给每种颜色一个定义。但如果颜
　　　色多达五六种的话，就会记不清绿色代表什么意
　　　思，黄色又是什么意思。就像刚才的丽奈同学一
　　　样，不知道哪里是重点了。

丽奈：听你说完我才意识到，如果颜色过多的话，记笔记
　　　的时候会很不方便，还很容易分散注意力。
　　　那么，要控制在几种颜色比较好呢？

叶一：我认为三种颜色是最好的。有一支红、蓝、黑的三色圆珠笔和铅笔就足够了。在我的教学视频中，白板上几乎只有红、蓝、黑三色。此外，在重要的地方也可以用一支荧光笔进行简单标记。

虽说只有三种颜色，但如果搭配使用，也会产生多种组合变化，所以也要注意哦。

你可以自己思考一下配色规则，只要自己使用方便就可以了。

丽奈：那么，"重要的要点""关键词"和"想记住的内容"统一用红色，老师说容易出题的地方就用蓝色吧。

叶一：嗯，不错。像这样根据自己的情况来制定规则，复习就会变得很容易。尽量简单地用颜色对笔记进行标记和区分，学习也会变得很轻松哦。

优秀笔记所需的思考方式

信息量	很多	提升	便于复习的可检索性
字迹	漂亮（工整）	提升	规则性
颜色	颜色数量	提升	颜色的定义
留白	少	提升	多
板书抄写	单纯抄写	提升	找到容易出题的内容

如何避免错误的学习方法

· 错误的学习方法有哪些特征?

丽奈:话说回来,刚才你说把笔记誊写得干净整洁是一种
　　　无用功,那么,还有哪些学习方法是错误的呢?

叶一:问得好。比如,自己制作原创英语单词本,这个方
　　　法也不太推荐哦。

丽奈：啊？不行吗？我们班就有同学这样做，我正打算模仿他们呢。

叶一：是的。乍一看这似乎是很不错的方法，实际上也的确有很多学生这么做。

但是，市面上明明已经有很多方便背诵的、非常实用的英语单词本了，为什么还非要自己制作一本呢？这岂非既浪费时间又浪费精力？

事实上，很多学生仅仅满足于制作完成的成就感，结果并没有使用。

丽奈：这样啊。幸亏我问了一下……

虽然我现在参加了羽毛球社团，但我小学的时候擅长的是美术和手工，非常喜欢自己做一些东西。所以，如果我也开始制作原创英语单词本的话，没准儿也会沉迷于制作过程，而把学习扔到一边……

叶一：还有，"为了记住而抄写10遍"也是很常见的学习方法，这个也不推荐。如果一定要抄写，我推荐"只抄写2遍就要记住"的原则，这样的话，在抄写的时候，你对每字每句都会非常专注地去记忆。

丽奈："笔记写得干净整洁""制作原创英语单词本""为了记住而抄写10遍"……
这些错误的学习方法有什么共通点吗？

叶一：反应很敏锐啊。错误的学习方法有一个共通点，那就是刚才讲过的，这些方法很容易成为一种"任务"，而不是"学习"。所以，如果你感到"我并没在学习，而是在完成任务"的话，最好重新审视一下你的学习方法。
接下来的话有点偏离主题了。一定要记住，在学习过程中，千万不要一直压缩睡眠时间。那样的话，虽然学习时间变长了，但学习效率一定很低。关于这一点，我稍后会做进一步说明。

就算勉强学习到深夜，有种学了很久的感觉，专注力和吸收能力也肯定会下降。因此，要在确保适当的睡眠时间的基础上，思考如何能在有限的时间内高效率地学习。学习时如果犯困，建议小睡15分钟。

快乐学习习惯养成攻略

如何挑选辅导书和学习文具

· 练习册和参考书要自己去实体书店买

叶一：那么，你打算先将哪个科目作为最关注的学科呢？

丽奈：首先是数学。小学的时候我数学还挺好的。这次，爸爸说要给我买参考书和练习册，我想都买数学的。

叶一：真是个好父亲呀！他一定是看到了你的努力，想好好地支持你一下吧。

丽奈：嘿嘿。那我就让爸爸在下班回家的路上帮我买一本好的数学练习册吧。

叶一：等一下！
我经常对学生们说，如果可以的话，参考书和练习册要尽量自己去书店挑选。

丽奈：啊？为什么？各种参考书和练习册应该都差不多吧？

叶一：不是那样的。每本参考书的难易度以及理解的方便程度等各不相同。而且，自己选的书才会更不忍释卷吧。

丽奈：不忍释卷？真的会这样吗？

叶一： 是啊，这点其实很重要。你是会选择自己亲自去看，去触摸，最终确认"就是这个！我要学这个！"，还是会选择被父亲要求"就做这本！"呢？哪种选择更能让自己坚持下去呢？

丽奈： 的确，还是得自己去选。但是，选什么样的参考书和练习册比较好呢？我也不太清楚啊……

叶一： 没关系，因为摆在书店里的练习册和参考书基本上不会有大的偏离。你可以随心所欲地选择你想学的。

丽奈： 不过，我还是没有信心啊。还是网上那些口碑好、评价高、名师推荐的书更让人放心。

叶一： 当然了，你也可以参考那些推荐来选择。
不过，如果不确认书中的内容，仅仅靠推荐就随意在网上购买的话，最终很可能会觉得它不适合自己，会有"我想要的不是这个"的感觉。比如，它对自己来说难度太大，或者内容混乱，难以理解等。

丽奈：确实，我买漫画书时也经常出现这种情况，和我想要的不一样。

叶一：是吧？我也经常在网上买漫画书，结果很失败，而且，还重复购买过同样的漫画书。

丽奈：要是这样的话，还是补习班好啊，只要老老实实地学习老师发下来的讲义和教材就好了……

叶一：真的是这样吗？自己做选择听起来似乎很难，但正因为如此，自己做出决定后才会有乐趣，对吗？
这和我前面说过的"主动性"是一个意思。培养"自己决定的能力"，不仅对学习有帮助，而且对步入社会也是有帮助的。所以，即使只是练习册和

参考书，也要自己做出选择，这一点非常重要。你

还是没理解吗?

丽奈：嗯，好吧，我明白了。

那我这周六去书店看看!

·文具少而精的孩子会学习

丽奈：龙也，借我用一下橡皮。

这……这不是橡皮泥嘛，好怀念啊！不过，橡皮泥
又擦不掉字，为什么还要放在铅笔盒里？

龙也：上课的时候，我可以捏橡皮泥，把它弄成圆形或者
拉长……

丽奈：呃……我看看你的铅笔盒。里面是不是有很多没用
的东西啊？

我看看都有什么。荧光笔5支、自动铅笔2支、自动
铅笔芯、铅笔5支、卷笔刀、直尺、涂改液、修正
带、橡皮2块、红色笔、蓝色笔，还有家人一起旅

行时在礼品店买的八色圆珠笔……这是什么来着？

龙也：哦哦，那个滚筒是用来装橡皮擦完后的橡皮屑的。

丽奈：这种东西是消磨时间用的吧，橡皮屑你自己用手弄一下就行了！

龙也：好烦啊，你到底想说什么？

丽奈：龙也，趁这个机会，我告诉你一件好事（其实是从叶一老师那里现学现卖的）——不能什么东西都往铅笔盒里塞！那样的话，学习成绩会下降的。
你的铅笔盒就是塞得太满了，光是找一支笔都得花费很多时间，很影响专注力的。

龙也：哦……但是，文具多的话，有时候会很方便，也有安全感。

丽奈：真的是这样吗？龙也，你听过"少而精"这个词吗？

龙也：小鸡精？是妈妈让你去买的吗？

丽奈：不是！所谓少而精，就是指数量虽少，但各方面的
　　　功能都很强大，也就是"精选"。
　　　你玩游戏的时候也是一样的吧，虽然厉害角色只有
　　　四五个，但他们各自拥有不同的特殊能力，能够打
　　　败怪兽。

龙也：是啊，这样既有趣又很酷。

丽奈：那么，铅笔盒里的文具，你不觉得少而精才更酷
　　　吗？（这也是从叶一老师那里现学现卖的。）文具
　　　少而精的学生大多学习成绩不错。所以，不要把什
　　　么东西都塞到铅笔盒里，把铅笔盒变成一个大胖子
　　　就不酷了。
　　　说了这么多，你也开始精简文具吧？说不定哪天学

习成绩就上去了。

龙也：那我现在就要从文具中选出最强的战士！

丽奈：对对，就要有这种气势！

龙也：哦，对了，姐姐，我刚才把你的布丁吃了。我怕姐
　　　姐也变成一个大胖子。

丽奈：你你你……这是两码事！

可以在客厅里学习或边听音乐边学习吗?

·在客厅里学习的利弊

丽奈:虽然龙也暂时因为有趣,同意跟我做汉字和计算方面的练习,但是像这样边看电视边练习,真的是在学习吗?

叶一:当然是啊。并不是只有坐在书桌前的学习才叫

"学习"。

之前我也说过，有意识地把学习的概念融入生活是很重要的。这样的话，就会让身体自然而然地习惯随时随地进行学习。甚至可以说，对于初中生和高中生来说，这种方式是很有必要的。比如，在走路时看到店铺招牌上的英语单词，会下意识地去确认字母的拼写。

丽奈：哦，那我也试着积极地在客厅里学习吧。

叶一：你以前在客厅里学习过吗？

丽奈：学过呀，小学的时候偶尔会。

叶一：那就没问题。我不建议从没在客厅里学习过的孩子这么做。最好还是在自己的房间里集中精力学习。

丽奈：那么，在客厅里学习的好处是什么？

叶一：有些人一个人在自己的房间里学习会感到很孤独，
　　　龙也可能也是这样。在经常有人活动的客厅里学
　　　习，可能会有种安全感。所以，很多孩子如果小学
　　　时有在客厅里做作业的习惯，那么到了中学可能就
　　　会保持这个习惯。

丽奈：但是，上次我在客厅里做数学题的时候，跟家里人
　　　吵了一架。当时龙也在看漫画，不停地笑，妈妈洗
　　　东西的水声也特别吵，我完全无法集中注意力。所
　　　以我就脱口而出："吵死了！安静点啊！"
　　　现在想想，是我不对。可能那天我的心情有点烦
　　　躁吧……

叶一：最终的学习效果与当天的心理状态有很大关系。我
　　　背诵的时候基本在自己的房间里，写作业在客厅
　　　里，但并不是次次都这样。比如我感觉"今天好像
　　　能把年号背下来"，可能就在客厅里背诵了。可以

虽然放松情绪很重要，但即使是在泡澡的时候，也可以回顾一下练习题。把学习融入刷牙等日常事项中，就会自然而然地形成随时学习的习惯。

这是在电视的广告时间学习的龙也。当然，有些学习不用动手也能完成。比如，可以试着练习一下，每当电视播放广告时，就复习一下背诵过的内容。

试试看，如果记不住，就再回到房间里去背诵。

丽奈：是啊，本来是想随心所欲地学习，如果定了死板的
　　　规矩，就本末倒置了。

叶一：哇，成语用得不错啊。没错，要随机应变。如果感
　　　觉电视很吵，但一个人在房间里学习又感到孤独，
　　　就可以选择在客厅里戴一副耳塞学习。

· 边听音乐边学习的条件

丽奈：我对电视里的声音很敏感，但如果只是边听音乐边学习，这样可以吗？

叶一：最好不要这样做，因为这种方式一定会降低学习效率。

丽奈：真的吗？边听音乐边学习，有时候能让我的注意力非常集中啊。

叶一：很多学生和丽奈同学一样，说过同样的话。
实际上，他们的专注力并没有在学习上，而是在音乐上。他们只是眼睛发亮而已。其实，我在做学习辅导讲师的时候，曾经在学生的协助下做过实验。我给他们分配了"背诵15个英语单词"的任务，在有音乐和没有音乐的情况下分别进行了测试，最终大部分人都是不听音乐的背诵效率更高。

丽奈：还做了实验啊，好厉害。这么说，还是不要边听音乐边学习比较好。

但是，听到自己喜欢的歌手的音乐时，我会感觉精神百倍呢。

叶一：我并没有说"绝对不能听音乐"。如果因此让学生觉得"学习本身是痛苦的"，那就得不偿失了。

如果想边听音乐边学习的话，有一个前提条件，那就是尽量应用于做过一次的复习题。比如，确认是否能解开前一天做过的数学题时，可以一边听音乐一边复习，因为这种程度的复习不需要特别专注。

丽奈：是这样啊！那太好了！

那么，对于第一次做的题目以及背诵的内容，需要集中注意力，我就把音乐关掉。

叶一：是啊。听音乐30分钟才能完成的学习内容，如果不听音乐，10分钟就能搞定了。

丽奈：那么，最好还是不听音乐，花10分钟完成学习任务，剩下的20分钟就可以用来慢慢地欣赏音乐。

叶一：嗯。但是，比如，当社团活动很累，感觉自己学不下去的时候，就可以听听音乐，适当放松一下，等情绪调节好以后再继续学习！

我以前经常在深夜听广播……这样可以防止困倦。

当然，学习效率也会降低，这一点要想办法做出适当的判断。

丽奈：广播……好久远！

叶一：也没有那么久远。你喜欢的演员、搞笑艺人或者
　　　"网红"，肯定有人在电台参与过广播节目。

丽奈：啊，真的吗？天哪！我去查一下！

如何避免学习的孤独感

·教学视频是学校学习后的辅助工具

丽奈：连阿树都知道叶一老师，真让我惊讶。

阿树：他很有名啊。他的学习视频的关注人数有150多
　　　万呢。

丽奈：咦，这可不像是只知道踢足球的阿树啊……我还以

为你在视频网站上只看足球视频呢。

阿树：你别小瞧人啊！（不过我的确只看足球视频来着……）是足球部一位学习非常好的前辈告诉我这个频道的。

丽奈：哇！虽然都是足球部的成员，但学习成绩截然不同啊！

阿树：哎呀，你够了！其实那个前辈和我一样，因为训练受伤，住院了两周左右，没去学校上课。我们都以为，即使前辈是"学霸"，定期考试①成绩也一定会受到影响。结果，他的名次一点都没下降。后来我问他住院期间都在做些什么，他告诉我，他一直

---

① 定期考试：日本的初中和高中都有定期考试，报考公立高中或大学时，定期考试的成绩会按比例折算计入，学校也可以根据定期考试的成绩进行升学推荐。因此，定期考试也是很重要的考试。

在看叶一老师的视频。

叶一：听到这件事，我真的很高兴。

丽奈：哦？那岂不是不用再学习学校的课程了？

叶一：不，那可不行。其实我的教学视频只是学校学习的
　　　辅助工具。虽然有时候容易被人误解，但是我一丝
　　　一毫都没想过我的教学视频可以代替学校的课程。

阿树：嗯，的确。就算我没有受伤住院，也从没想过不去
　　　上学，只看叶一老师的视频。因为我还要在学校训
　　　练足球，而且学校还有那么多朋友在。

叶一：是啊，说到底，正是因为在学校可以学习并参加各
　　　种各样的活动，我的教学视频才有存在的意义。
　　　不过，有很多因为疫情在家隔离的孩子也在学习我
　　　的视频。通过与他们的家长交流，我了解到，虽然

他们在家学习的效果不尽相同，但问题大多都是学习跟不上。

阿树：的确是这样……即使在学校可以参加社团活动，但如果学习跟不上的话，在学校就会很痛苦……

叶一：但是，有个隔离在家的孩子一直很努力地跟着我的视频学习，后来，他竟然考入了年级前20名。这让他对以后返回学校学习更加充满自信，他的母亲还给我写了一封很长的感谢信。

丽奈：真是好感人啊，叶一老师，你太不容易了，努力终于得到了回报！

阿树：（丽奈这个家伙，这是站在什么立场上对叶一老师说这样的话？）

·如何缓解学习时的孤独感

阿树：习惯了原来在学校大家一起学习，自己一个人在家
　　　学习的孤独感是很强烈的。

叶一：这种感觉因人而异。但是，的确，大多数孩子独自
　　　在房间学习的时候，是会产生孤独感的。

阿树：是啊，每当我学习到半夜的时候，总会有种全世界
　　　只有我一个人在熬夜学习的感觉。

叶一：为了让孩子们在学习时不会感到孤独，你知道我每
　　　两天左右进行一次的"一起学习"直播活动吗？我
　　　会使用固定摄像头，一直拍摄我学习和工作的过
　　　程。观看直播的孩子们要在这个时间段里，和我一

一起学习直播活动

一想到全国有那么多频道关注者都在实时学习，我就会感到内心变得很强大，同时也会告诉自己不能偷懒。

起集中精力学习。

阿树：啊，我参加过那个活动。那次有1000人以上呢。在
　　　直播间一起学习的时候，我会莫名有一种一定不能
　　　偷懒的感觉，同时也有种安心感。
　　　一想到在同一时刻，全国的同龄人都在学习，自己
　　　就会变得很坚强。

丽奈：哦？我都没注意过还有这样的直播。叶一老师，下
　　　次的"一起学习"是什么时候啊？

叶一：得等我完成任务，回到现实世界以后才行呀……

阿树：……

丽奈：呃……

叶一：没关系，我设置过自动留存功能，会随机发起"从
　　　现在开始学习一小时！"的活动。

如何把消极情绪转化为学习的动力

·转换消极情绪可以成为突破现状的关键

叶一：没能参加最后的联赛，你一定很遗憾吧。

阿树：是啊！当时我的情绪特别低落，感觉迄今为止的努
力都白费了，似乎受到了命运的诅咒。

叶一：你会这样想也很正常。

阿树：而且还有更让我郁闷的事情。

我不仅给球队带来了麻烦，还不能去为队友加油。

我感觉自己很差劲。

叶一：你能坦率地在我和丽奈面前说出这些话，已经很棒

了，一般人很难将这种情绪说出口。

丽奈：我也这么觉得！

阿树：不，我只是无法承受对自己的同情感和对别人的罪

恶感，我都没意识到原来自己这么低落消沉。

叶一：十几岁的少年都会有类似的情绪。我在初中的时候

也有过"我为什么要活着"的想法，还曾遇到过校

园霸凌。

阿树：那叶一老师是怎么摆脱这种情绪的呢？

叶一：也许你不一定会认同，但当时我是把这种消极的情

绪变成了原动力，决心要让那些欺负我的家伙对
我刮目相看。所以，我努力从行动上改变消极的
自己。

丽奈：那你是怎么做的呢？报复他们吗？

叶一：嗯，也可以这么说。我的自尊心受到了伤害，所以
一定想要找回来。要努力找到自己的理想状态，并
实现自己的目标。
不断展现自己自信的笑容，就是对那些欺负自己的
人最有效的报复。
所以，十几岁的少年都会有些消极的情绪。当然，
这种情绪如果朝着不好的方向发展是很危险的。但
是，一旦打破了压制自己的现状，就会产生一种非
常强大的力量。

阿树：消极的情绪会变成能量吗？我可想象不出来。

将消极的情绪转化为学习的能量！

讨厌自己　生气
忌妒　罪恶感　羞耻
恐惧　怨恨　后悔

每个人都有不开心的时候，特别是十几岁的少年更容易产生消极情绪。

我一定要用学习成绩来回敬那些看不起我的家伙！

将消极情绪转化为积极改变自己的动力。

合格

不管怎样都要好好利用消极情绪。要改变牢骚满腹的现状，将其转化为强大的能量。

叶一：真的是这样吗？其实你现在以考入庆早高中为目标，这就是积极向上的证据呀。当然，你可能会用梦想呀、希望呀等漂亮的词语来进行包装，但那种想要改变自己，向周围人证明自己通过学习成绩也能考入庆早高中的心情也是非常强烈的，对吧？

阿树：好像是的。

　　　父母和老师都说我很难考上庆早高中，我感觉很不甘心，也很难过。

叶一：这种迫切的诉求是实现目标非常需要的。

　　　因为对现状感到不满，就会产生好好学习的紧迫感，希望自己能通过努力走出困境，拓展自己的可能性。

　　　因此，当你遇到消极的情绪时，不要觉得丢人。

丽奈：我最开始跟着叶一老师学习的时候，也正是如此！

叶一：我之所以能把做学习视频这件事情坚持到现在，有
　　　一个重要的原因——我想要证明给那些刚开始看不
　　　起我或者反对我的人看看！

阿树：叶一老师也有同样的经历啊！是啊，我感知到了自
　　　己的消极心情，我会努力把它转化为考上庆早高中
　　　的能量！

丽奈：没错，阿树在足球方面比任何人都能严格要求自
　　　己，如果能把这种积极性放到学习上，成绩也一定
　　　会直线上升的！

自学笔记能够帮助你建立自信，提升自我肯定感

·确定报考学校后，要尽早确认学习内容

阿树：叶一老师，我以前只专注于踢足球，所以现在很担
　　　心内部评定成绩①。足球都是早上训练，所以我从

———————————

① 内部评定成绩：包括出勤率、各学期的定期考试成绩在内的综合评
定成绩，会以一定的比例折算到高中入学成绩中。

来没有上学迟到的记录，但我的定期考试成绩只能

勉强达到平均水平……

叶一：庆早高中是私立高中吧？

丽奈：是的，庆早高中每年都能有一两个人考上东京大

学，是这一片数一数二的重点高中。

阿树：所以，不管我怎么努力，如果内部评定成绩不好就

很难被录取，我很担心。

叶一：原来如此。能给我看看庆早高中的招生手册吗？

哦，庆早高中的入学标准中，中考成绩占很大的比

例，所以我们只考虑中考成绩就可以了，不必过于

担心内部评定成绩。

阿树：原来如此！那太好了！

叶一：私立高中基本都是以中考成绩来判断是否录取的。

换言之，中考可以说是最考验学习能力的考试。

阿树：原来是这样啊，那我就更没有自信了。

叶一：不过，高中的入学考试制度根据地区不同而有所
区别，所以需要尽早调查清楚。考试的科目也不
一样，比如，私立高中一般只会考语、数、英这
三科。

阿树：对呀！如果庆早高中也只考这三科就好了。

叶一：虽说只有三科，但要想考上像庆早高中这样的重点
高中，就需要学习一些超纲的知识，你要做好心理
准备。一旦确定了要报考的学校，就基本能分析出
每科必须考到多少分，需要多大的学习量。也要意
识到有些问题是需要舍弃的，制定保障分数的战
略。当然，如果需要参加定期考试或者报考公立高
中的话，其他科目也要努力学习。

阿树：是这样啊……我现在跟庆早高中的偏差值①还差10

　　　分左右呢。

————————

① 偏差值：相对平均值的偏差数值，是日本对于学生智能、学力的一项计算公式值。

·日积月累地不断努力，考试时就会发挥出最佳水平

叶一：阿树，你看起来好像还是没什么自信啊。

丽奈：叶一老师，有没有什么办法能帮助考生树立信心呢？

叶一：其实最好的办法就是不断提高学习成绩，积累成功经验。阿树擅长踢足球，所以可能没注意到这一点：其实，如果付出相同的努力，学习要比体育运动更容易取得成绩。

阿树：不过，每个人在学习方面的天赋基础不一样吧？

叶一：这是所有人都会思考的一件事。

比如，一个身高很矮的孩子去参加篮球或排球比赛，要比个子高的吃力很多，在这种情况下很容易感受到与生俱来的差距。但是，说到学习，即使一个人没有什么与生俱来的特别天赋，也可以在考试中取得好成绩。甚至可以说，越是感觉自己没有什么特殊天赋的孩子，越应该努力学习。

丽奈：我最开始也不太相信，但事实证明，叶一老师说的是对的。叶一老师教给我居家学习的方法以后，我的考试成绩直线上升。

阿树：真的呀！放到你身上还是很有说服力的……

丽奈：你……哼！

叶一：话虽如此，的确如阿树所说，一开始就觉得学习很费力的孩子是很难建立自信的。你们俩听过"自我肯定感"这个词吗？

丽奈：当然听过！叶一老师之前教过我。

阿树：嗯，应该就是一种自己喜欢自己的感觉吧。

叶一：没错，就是一种认可现在的自己，想要做真正的自己的感觉。

　　　有很多学习成绩不好的孩子，他们的自我肯定感非常低，这是个问题。就算他们打算居家学习，也会担心自己到底行不行。所以，一定要拥有自信，才能有效地进行学习。要想拥有自信，有一个好办法。阿树，你平时用自习笔记吗？

阿树：不用，我自习的时候，都是用学校上课时记的笔记。

叶一：那我们现在就来做一本自习笔记吧。

丽奈：为什么呢？

叶一：自习笔记可以总结学过的内容，便于复习。而且，

学习比体育运动更容易取得成绩，是提高自我肯定感的最快方法之一。

当你写满一本笔记，并不断回看复习时，能给自己带来一种成就感和自信心。

所以，我建议小学生家长给孩子买那种页数比较少的笔记本，孩子每写完一本就夸赞他们一次。

丽奈：哦，原来是这么回事。那么，自习笔记是按科目来写比较好吗？

叶一：不用，除非有特殊要求，否则我建议把所有科目都集中在一本笔记里。这样既能够一目了然地感受到自己的学习量，更重要的是，很快就能写满一本自习笔记。当你看到自己的自习笔记越积越多时，一定会提高自我肯定感，从而增强自信。迄今为止的成果和努力，都能以笔记本的形式可视化，这是特别的鼓励呢。

阿树：原来如此！那我马上试试！

叶一：用尺子在笔记本的左侧画一条竖线，写上日期和练习的页数等，更能切身感受到学习的进展哦！

丽奈：我也要试试！如果我从现在开始记，到初中毕业前，估计能写满100本自习笔记！

把日积月累的努力转化
成肉眼可见的成果！

·考试是对未来影响巨大的关口

叶一：这次的考试对于阿树来说是初中阶段最大的一个
　　　关口。

阿树：是啊。在社团活动中受伤，是我人生中摔的一个
　　　大跟头。现在我想要通过中考升入庆早高中，感
　　　觉这好像是除足球以外，我人生中遇到的第一
　　　堵墙。

叶一：不过，朝着某个目标持续努力一年的经历，在漫长
　　　的人生中应该也很难再遇到。
　　　我想说的是，在十四五岁的年龄就遇到这么大的挑
　　　战，肯定会吃很多苦，也一定会遇到各种烦恼和难

题，一直保持稳定的情绪也很困难。

丽奈：别给我们这么大的压力啊！

叶一：抱歉。但是，如果能闯过这一关——不，不管是什
么样的结果，只要坚持到底了，就一定会获得巨大
的能力。
比如，自己判断的"决断力"，绞尽脑汁解题的
"创造力"，专注学习、冷静处理问题的"自控
力"，朝着目标毫不气馁地前进的"持续力"……
这些都是一生的财富。

阿树：这些能力在足球运动中也很重要吧！

叶一：是的。丽奈的羽毛球也会用得到。所以我认为，考
试是对自我成长非常好的锻炼，虽然会有不安，但
正因为如此，才会更踏实勤奋地好好学习。

阿树：嗯，我会努力的！

丽奈：我也会加油的！阿树也要加油哦！

（我也和阿树一样，以考上重点高中为目标吧！）

第二部分

图解高效自学法

这也是没有办法的事情……

啊?

而且,学习难度也突然加大了。

刚上初中,各种科目需要学习和掌握的越来越多,每天都感觉筋疲力尽。

其实吧,我的成绩倒不是很差……

莫非……

你这是什么反应?

什么?

有吗?

啊!!!

94

96

完了……

让我看看你的卷子!

干吗呀?不要啦!

呵呵……

你怎么考得这么好啊?

可以去补课来提升成绩！

快站起来……

这个办法不错！

我只是刚好在补习班预习过而已。

丽奈，要不你也去补课吧？

96

我也要去补课！

不许补课。

呃……

你忘了你小学报的那些课外班？你说不去上就不去上了。

作文课、数学课、游泳课全都半途而废。

那……那是因为……

你可爱的女儿好不容易说要努力学习的！

啊啊啊啊，为什么呀？

怎么这样啊……

啊?

而且妈妈上初中的时候也没补过课啊,只要上课好好听讲就能考得很好。好了,这件事到此为止。

赢啦!通关!

就算去补课也是白搭。

像姐姐你这种注意力不集中的人……

华原龙也,10岁

怎么办呀?

呜呜……

哼!

暴力女! 讨厌!

好疼!

啪!

第二天

补习班的事情怎么样了?

啪!
啪!
啪!

丽奈!

因为……

太夸张了吧……

你听我说……

等我参加奥运会比赛的时候,你要去给我加油啊!

看来我只能靠羽毛球讨生活了……

啪!
啪!

高效自学能力

那么,你好好了解一下……

"高效自学能力"吧!

原来如此……

高效自学能力?

第一章

找到适合自己的学习方法

初一学生丽奈的学习法探索之旅

叶一老师的视频怎么样?

丽奈!

啊?

那个人一直在使劲求我!

啊啊?

哪里差啊?

超级差!

上课铃已经响了啊!

你说什么呢?

啊!啊!啊!

咔啦

你还说他帅,就是个大叔!还惹了很大的麻烦!

晚饭好吃吗？

来得好晚啊……

唰！

哎呀！

你怎么还在啊？！

应……应该是的……

也就是说，我每次开机都能看见大叔？

不会吧？！

啊啊啊……

我也没有办法呀……

我到底该怎么办……

唉！！

所以说，如果你能帮我的话……

你当然会这么说！

而且，如果让他帮我，万一我也被困在网络里了怎么办？！

嘿嘿嘿……欢迎来到网络世界。

啊？

放我出去！！！

就算他真的被困在网络里了，他也是个陌生人啊！让他帮助我学习会不会有危险啊？

对……对不起！

上课的时候不要发呆！

果然一点都听不进去……

啥？

华原同学，你在听吗？

49

华原

啊？

接下来把上次的试卷发给大家。

成绩又要下降了……

害怕

现在讲到第几页了？

哗啦

哗啦

只有……

49 分……

噗噗

喂，丽奈！

吭当

第一次这么低……

头晕

脑涨

这个分数……

大家不都一样吗？

社……社团活动太忙了……

跪地

哗啦

这是怎么回事啊？！

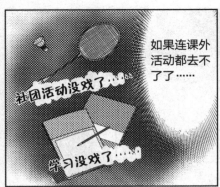

如果连课外活动都去不了了……

社团活动没戏了……

学习没戏了……

咆哮

哭

不……不要啊……

如果你不好好学习，我就不让你参加社团活动了！

被坏人骗……

小姑娘，跟我来吧！

DRAGON

等我意识到的时候，已经被卖到国外去了……

呃~~~~~~

补习班也不能去……

DRAGON

误入歧途……

无法升学……

嗒嗒嗒嗒嗒……

谁来……

摇摇

谁……

晃晃

你又惹妈妈生气啦？

叶一老师，
快来帮帮我！

我想要提
高成绩！

自己有了
主动性就
太好了！

嗯嗯！

眼前一亮

我叫丽
奈……

真的吗？！

请多多
关照！

我一定会
好好配合
你的，一
起加油吧！

只要你努力
的方向对了，
就能快速看
到好结果。

唰

只要你敢
于面对，
一定能提
高成绩！

那让我们直接进入主题吧！你有没有自己的学习方法？

我想让大家掌握的就是"高效自学能力"！

我会教给你一个提高自学和居家学习效率的强化法。

请多多关照！

拜托啦！

$\frac{2}{3} \div (-8) =$

好好记笔记啊！

老师让干啥就干啥，这样不就行了吗？

我好像从来没想过这个问题……

自己的学习方法？

找到学习方法……说得这么专业……

是啊，刚开始肯定很难。

学习方法B

学习方法A

好像不太适合？

适合！

高效自学和居家学习的强化法是指，找到适合自己的学习方法，并将其很好地应用于学习。

"不给自己的短板贴标签"，

以及"好好找出自己的长处"。

找到适合自己的学习方法，有两个要点——

短板有一大堆，却没有什么长处……

呃……我记忆力差，注意力不集中，成绩不好，总惹妈妈生气……

我的长处……

短板和长处？

嗯

并且认可自我存在价值的情感。

我们做朋友吧！

这是一种喜欢自己……

不要沮丧！日本的孩子，自我肯定感普遍比较低。

自我肯定感？

103

原来如此……

你平时喜欢打羽毛球吧！是不是经常因为专注于训练或比赛而忘记时间？

我经常这样……

好累呀！

已经这么晚啦！

所谓记忆力不好和注意力不集中的孩子是不存在的。

是吧！

当然了！

你能记住漫画人物和游戏技能的名字吗？

竭尽全力，前进！

即使觉得自己的记忆力不好，只要踏踏实实地多重复几次，就不会忘记了。

不要给自己的短板贴标签，把目光放在力所能及的事情上，找到学习方法，才能提高成绩。

成绩

冲啊！

没有一无是处的人。

原来如此！我……并不是一无是处的啊！

好像能跨过去啦！

把能做到的事一点点积累起来……

即使碰壁了，也要自信地说："这么多事我都一点点做到了，最后一定能成功。"

墙壁

做到啦！
做到啦！做到啦！
做到啦！做到啦！做到啦！
做到啦！做到啦！做到啦！做到啦！
做到啦！做到啦！做到啦！做到啦！做到啦！

首先是适用于定期考试或应试考试的"设置期限的学习方法"。

但是，学习方法都有哪些呢？

好！我会加油的！

成功的体验能够提高你的自我肯定感。

应试考试的学习方法　　定期考试的学习方法

除此之外，每个人都有各种不同的方法。

目标

针对不同学科的学习方法

语文　数学　英语
社会　理科

背诵型学科的学习方法

提升动力的学习方法

理解型学科的学习方法

二次函数

以制订有效计划为基础的学习方法

使用特殊设备或文具的学习方法

结合生活方式和个人特点的学习方法

原来学习方法有这么多啊！

不同级别的学习方法

初级英语单词

模仿?

"模仿"！

我最推荐的是……

第二天

嗯?

啪！

哗啦

理科教室

没什么……

怎么了？

砰

砰

真的是这样做就行了吗……

唰

怎么了?

没什么!

要照做啊……

所谓模仿,就是照着那些学习好的同学的学习方法去做。

然后按照适合自己的方式改编一下就可以了。

· 坚持复习。
· 提前在补习班学一遍。

从零开始为自己制订学习方法是很困难的,所以要模仿那些已经取得成果的适合自己的学习方法。

适合自己的方法!

· 坚持复习。
· 坚持居家学习。

我要模仿!

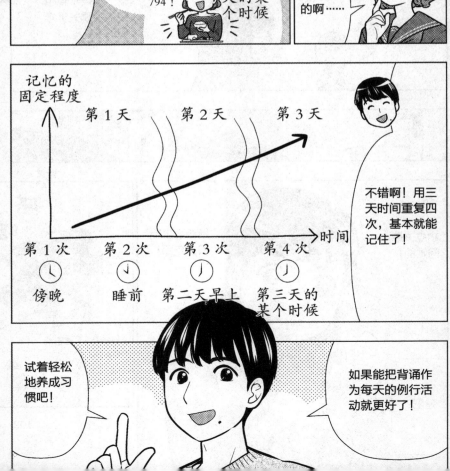

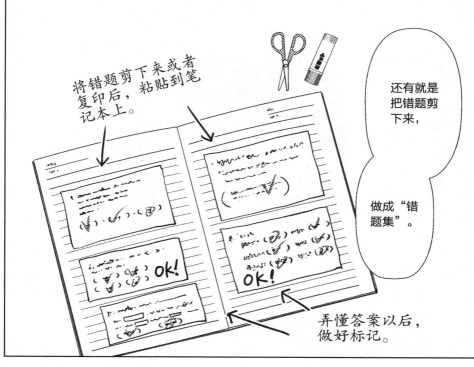

将错题剪下来或者复印后，粘贴到笔记本上。

OK!

OK!

弄懂答案以后，做好标记。

还有就是把错题剪下来，

做成"错题集"。

相遇！

难题

多亏了你，我才能有进步！

不错啊！与不会的问题相遇是一种缘分，要珍惜。

这说明，美保也是在模仿，对吧？

美保说，这是她上高中的姐姐教她的。

咔嚓

如果你有手机或平板电脑，用相机拍照进行保存也是不错的选择。

存放在不同的文件夹。

错题集 数学

错题集 英语

错题集 语文

112

美保在补习班里提前学的课程我也可以提前学到吧?

视频可以反复播放，不管什么时候都可以看。

视频是可以回放的!

对呀!

其实他讲的课真是浅显易懂。

我还以为叶一老师只是让我死记硬背呢!

呀!

状态不错呀!

完成啦!

做得不错呀!辛苦啦!

我昨天背诵的是什么来着……

117

数 NEW 👎 194

明天是今年最暖和的一天

动物园的熊猫爬树成功

视频人气博主叶一老师两周未更新，很多人在担心

👎 510

今年最受欢迎的美食是什么？

主题列表

利用碎片时间养成学习习惯

小学四年级学生龙也的学习习惯养成记

龙也……

你一直这样的话，到了中学可就糟了。

你每次都这么说，但从来不做！

现在正玩到关键时刻，别打扰我！

哇，90分！

是不是很厉害？

好好看看！

你说什么？！

别以为谁都跟你一样。

多亏掌握了学习方法，我才能维持姐姐的威严。

嘿嘿嘿……

龙也，你要向你姐姐学习！

哦。

最近丽奈自己学习的时候很努力啊！

嘿嘿嘿……

嘻嘻嘻……

要是叶一老师能一直留在我这里……

没准儿我能考上重点大学！

因为他每天都在帮我学习嘛！

哇，丽奈，你开始叫他老师啦！

之前你还说他特差劲……

得感谢叶一老师！

你这次的成绩也不错啊！

现在发给大家上次的试卷。

叶一老师待在我的手机里呢！不用担心。

他没事的！

平时几乎每天都会更新的……我有点担心他。

但是最近叶一老师的视频一直没有更新啊！

啊？

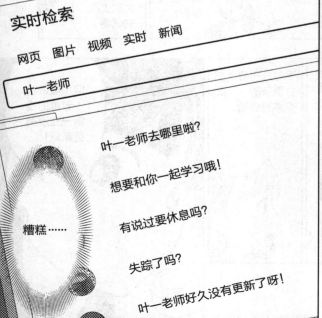

125

126

困难有人有我
学习难道只有自己？

丽奈同学——

竟然这么难……

找到学习有困难的人……

你怎么了？唉声叹气的。

没……没什么。

对了！阿树，你为学习烦恼吗？你已经初三了，马上就要中考了，是吧？

呜哇——阿树！

初三学生、丽奈的好朋友
神谷树

学习？为什么这么问？

我根本不需要学习啊！

肯定会保送的。

那万一没被保送怎么办?

等我将来成了球星,作为我的好朋友,你也可以吹吹牛啦!

我应该会被保送到足球名校,所以就不用学习了。

你不读高中了吗?

为……为什么?

算了算了,我很忙!

要不要给你签个名?

必须快点帮他找到人……

砰!

啪嗒!

他哭了!!

谢谢你!

没关系,没事的。

我问了很多人……都没找到……

对不起……

128

没问题！谢谢！

……

是我弟弟！

小学生也可以吧？

？

其实……只有你才能看见我……

那我去叫他。

等一下！

我代替你？！

我能行吗……

真的吗？！那怎么办？

所以我希望你能代替我教他。

130

龙也……

和姐姐一起学习吧!

好烦啊,别烦我!

不过——

我一会儿写,不用你管。

你的作业不是还没写吗?

不要!

我不!

快去学习!

啊!

呀呀呀!!

人家要教你学习,你怎么这个态度?!

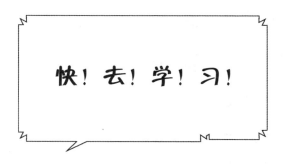

快！去！学！习！

我不!

学习!

呼噜……
呼噜……

到底什么时候学习啊?

确实是……我以前也一点都不学习……

让孩子写作业很费劲,家家都一样……

我怎么说他都不肯学习……

叶一老师……

自己的弟弟真是很难对付……

有办法了!

有没有什么诀窍,能让他好好在家学习呢?

133

什么事啊？姐姐，你又来了，我说了我不学习！

龙也……

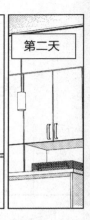

第二天

游戏？

那么我们玩游戏吧？

如果用游戏的方式学习，他就很容易有积极性啦！

比如，看电视的时候，遇到广告时间，就可以想想在学校里学的汉字！

碎片时间也可以用来学习！

刷牙的时候或者泡澡的时候都可以学习哦！

好好利用碎片时间。

首先，不坐在桌前也能学习，这一点很重要。轻松地把学习融入生活……

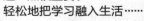

哗啦　　哗啦

总之，可以让他在利用碎片时间的过程中，逐渐习惯在不经意间都能想起学习。

什么游戏啊？

这不还是学习嘛，我不玩！

如果你能写出 20 个，就算你赢。

小学四年级学习的汉字

我们要玩的游戏就是在广告时间内写出四年级学的汉字。

嗯……是的！

啊？真的吗？

今天我的千层可丽饼就给你了！

要是你赢了……

鞭子和糖果的应用！

接下来最重要的就是……

那行，我玩！

不就20个嘛，

小事一桩！

快跑！！

如果一开始就得到了糖果，后面再如何被鞭打，也不会努力了。

嗯？

哼！

对于学习上的奖惩，一定要把糖果放在后面。

不应该是糖果和鞭子吗？

汪！

好嘞！

广告时间啦！

我最爱的千层可丽饼……但是为了叶一老师……

137

都有哪些……

小学四年级语文

写好啦!

这里写错了，你看看。

为什么？我哪里错了？

贺 × → 贺 。

你输啦!

很遗憾……

什么？你胡说!

!

好啊!

我想再比一次……

好险……

真……真的啊……

$$\frac{2}{6} + \frac{3}{6} \qquad \frac{4}{8} + \frac{3}{8}$$

要不就算了？

呃……

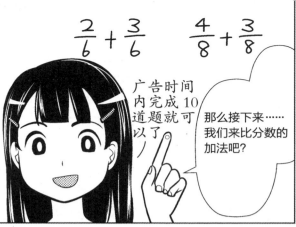

广告时间内完成10道题就可以了！

那么接下来……我们来比分数的加法吧？

好嘞！

那么就等下一个广告时间吧！

好啊，做就做！

嘻嘻嘻……

全……全答对了！

我使出全力的话，这点题根本不在话下！

做完啦！

小学四年级数学

不过我的千层可丽饼被他吃了！

他倒是学得非常开心！

这样很好啊！

139

设置的目标应该有一定难度，但通过努力就可以取得成功，这样就会有动力去做。

无论是游戏还是学习，都需要有一条快乐的线，大概就是处于刚好能成功又可能会失败之间的一条微妙的线。

之后再挑战难度大的问题，这样比较好。

所以，先从简单的问题开始体验到"解出来了！"的成就感……

这就是成功的感觉啊！

之后，如果想享受学习的乐趣，就要多多积累这种"自己解出来了！"的喜悦感和成就感。

教他使用计时器来做作业吧！

原来如此！那么接下来我该教给他什么学习方法呢？

141

虽然结果很重要，但过程也非常重要。

即使只是一点点的努力，也要给予认可，这样他才能成长。

"激励"占这么大的比例呀?

用"斥责"为1、"激励"为9的比例进行引导。

斥责

激励

其实我本来就准备去学习……

快去学习!

是的!

的确，我要是总被妈妈骂的话，也会变得没有动力的。

只露出正在做的题，

这样就可以集中精力，更快地解答问题。

将握笔的手和另一只手放在桌子上……

龙也……

这是叶一老师告诉我的!

哦……哦!为什么呢?

这种姿势会自然而然地让目光聚焦在题目上。

这就是提升注意力的秘诀哦!

我知道了!

绳文时代的要点是什么?

嗯……

布丁归我啦!

全都答对了!

不错啊!你懂了!

我回来啦!

咣当

数日后

嗯!

是吧，姐姐？

龙也，你又在玩游戏啊！作业写完了吗？

您回来啦！

真的？

写完啦！

我每天的点心都被他吃了，现在处于强行减肥状态……

咕噜噜……

呃……

嗯!

还剩一个人。

帮助华原龙也，任务成功。

……

还剩一个人了……

天灵灵……

第三章

中考成功的计划和动力之源

初三学生阿树的中考攻略计划

不知道怎么踢？可别说这么泄气的话。

我们再一起试一次！

大山，你要好好利用空间啊！

对不起，我不知道应该怎么踢……

好，我要加油啦！

你好干劲呀！

加油！

不用道歉，这可能就是命运的安排，只能等着了。

好可怜啊……

今天我也试着找学习困难的人了，但是一直没找到，对不起！

叶一老师……

好嘞，开始学习吧！

148

加油哦！

原来如此……

为了能被保送到憧憬已久的庆早高中，我一直努力到现在。

我才不要！

要不要给你签个名？

第二天

初一四班

啊？

阿树受伤了？！

前辈……

神谷前辈早上训练的时候骨折了……

送到医院就直接住院了……

怎么会……

居然在这么重要的时候受伤……

呵呵呵，我真傻……

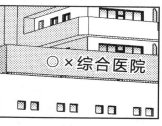

◯×综合医院

阿树……

哦，是丽奈啊！

医生说最少要两个月才能治好，到时候联赛都结束了。

……

唉……

……

这次的联赛对我来说就像中考一样，

我拼尽全力才走到这里。

结果，连考场都没进去就结束了……

我好想在庆早高中……

踢足球啊……

从小学一直坚持到现在……

嗨！

阿树！

阿树从小就喜欢踢足球……

……

呜……

呜

我什么话都说不出来……

要想让他进入庆早高中的足球部……

只有一个方法……

叶一老师，阿树可怎么办呀？

因为我们是邻居，所以我从小一直看着他踢足球……

不通过体育生保送的方式入学……

而是通过正常考试入学!

还有这个方法!

对呀!

应该也能努力面对考试的。

他每天都能脚踏实地地进行训练……

!

他肯定会很高兴!

明天我就去跟阿树说!

还有时间!

现在才六月……

我肯定考不上啊!

而且是考庆早高中?

让我学习,参加中考?

啊?你在说什么啊?

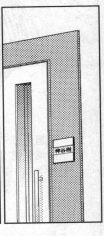

我的梦想已经破灭了……

考上的话,你就可以在梦想的庆早高中踢足球了呀!

你说得简单……

你不懂就别乱说!

没问题的!

你怎么能这么轻易地放弃呢?

还没破灭!

我认识最厉害的学习顾问哦!

最厉害的学习顾问?

几天后

别东张西望了,赶紧坐下!

好的好的……

好久没来丽奈的房间了,变得很像女孩子的房间了。

你们慢慢聊哦!

喂,别偷看!

嘻嘻嘻嘻嘻……

阿树可真是长成大人了。

真是的！

最厉害的学习顾问的考试必胜法，赶紧告诉我啊！

然后呢？

砰！

啊？

怎么是你教啊？

知道了……

那我现在开始教你哦！

首先是学习计划的要点。

我要给阿树讲什么呢？

不，不是的，我只是把听到的传达给你而已。

RENAMEMO

这个嘛……已经确定了……

你不是知道吗？

哦……对啊！

这样目标更明确，印象更清晰！

所以要尽快确定目标学校！

因为重点高中对英语要求高，所以要重点学习英语哦！

首先我们来看一下学习计划的要点。

英语语法

英语单词

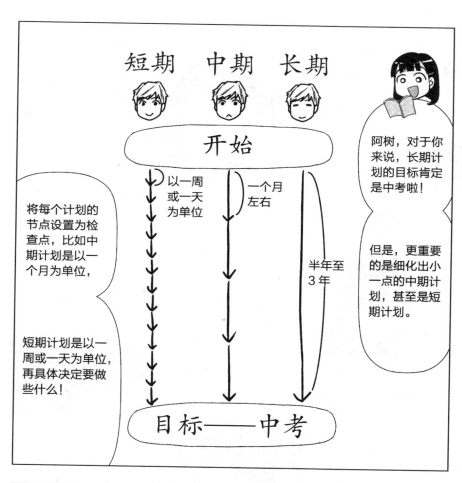

是的!

是吗……

明确了学习计划,就能知道目标是否可以实现!

久等啦!

喂,有个问题……

砰砰

咣

那个……休息日要设置几天呢?

做个时间表就行了呗!

知道了。

啊?你是想让我再失败一次吗?

没有休息日。

我是因为足球训练过度才受伤的,这让我意识到了好好休息的重要性。

哪怕只是背点什么……

哪怕每天只学习5分钟……也一定要坚持!

WORD CARDS

学习可不一样,不管身体上或者精神上有多么累,都不可以有休息日。

为什么呀?

或者只做一页习题……

我每天都有学习哦!!

如果一整天一点都没学习,就很容易自己给自己贴标签,

认为自己是个没用的人。

哪怕只学一点点,也能减轻一点都没学习的负罪感。

为了避免已经拉紧的学习之弦断掉!

!

我还有一个问题……

明白了……

嗯……

我每天都进行足球训练,是因为休息的话就会有负罪感,这次反过来了……

的确……

接下来不是有定期考试嘛……

我应该优先准备什么？

咣当

等一下！

那么，应该优先准备什么呢？

是吗？

这个问题我经常会被问到。

到了初三下学期，有的定期考试成绩可能就不会体现在高中入学成绩中了。所以，到了初三下学期，比起定期考试，应该更重视中考成绩。

定期考试的结果会显示在通知书中，成为升入高中时的内部评定成绩。

试想一下，定期考试是为了什么呢？

为了什么？

摇晃

中考

定期考试

92　86　73

成绩通知书

内部评定成绩

※ 一般来说，初三上学期期中考试前的成绩都会体现在成绩报告中。

那……

我当时认为，让你当老师教别人对你的学习是有好处的。

骗我的？！

对不起！

那个是我骗你的……

阿树，你也知道叶一老师吗？

的确，叶一老师可以说是最厉害的学习顾问了。

原来是这么回事啊！

当然了。

用倍速啊……

你以后可一定不要用倍速看啊！

是朋友推荐给我的，每次考试前我都会看看他的视频。

用倍速看。

这样一来，眼睛和耳朵都会变得专注，会产生"必须集中精力倾听"的意识，

会变成主动观看而非被动接受。

不是哦！观看教学视频是可以使用倍速播放的。

目不转睛！

能告诉我这是怎么回事吗？

我以后也试试！

原来如此！

那么……

也就是说，只要能帮助我解决学习困难的问题，你的任务就完成了。

原来如此。

其……其实我……

错的地方要好好看讲解，理解透彻。

一旦问题弄明白了，就画个圈标注出来。

原来这道题是这么回事！

也就是说，变成只标记对或错了。

但其他的都对了，所以没关系啦！

虽然错了两道题……

要是间隔时间太长，就容易忘记自己是怎么答出来的。

不妙啊……

我的情绪特别容易被成绩影响……

我也是在制作"错题集"以后，才通过答案中的讲解将考试中做错的题或者不会的题都弄明白了。

167

哗啦

啪嗒

阿树——

你在家吧?

干吗呀?
这么吵!

啪嗒

啪嗒

没学习
是吧?

不……
不是……
这个……

那个……

眼神出卖
了你!

啊?

一惊

看这个发型,
应该是刚睡
醒……

阿树,你有好
好学习,准备
中考吗?

我学了,
但是……

阿树,你不努力学习的话,
叶一老师就回不去了!赶
快去认真备考!

按照时间表
去学习……

我根本做
不到!

我学了!

啊？哦，好的。

你让我和阿树说。

但是——

丽奈同学，等一下。

阿树同学——

不知道从什么时候开始，我就坚持不下去了。

对不起，我以为我能做到。

但是主动学习这件事比我想象的难多了……

果不其然？

原来如此……果不其然。

啊？

时间表吗？

能给我看看你做的时间表吗？

嗯?

这个时间表的目标定得太高了。

！

数学练习册 A 10 页

数学练习册 B 10 页

英语练习册 5 页

英语单词和短语背诵

×30 个

但是这样的话，每天的任务就太重了！

一定考上庆早高中

因为你的目标是庆早高中，所以才制订了难度这么大的时间计划吧！

是，就是这样的！只要偷懒一次，之后就再也没有动力继续坚持下去了。

如果目标不切实际，每天都无法完成，就很容易失去自信。

距离球门太远了，就会没有射门的动力。

那样的话，就无法养成居家主动高效学习的习惯了。

目标一定要切合实际，标准是依据现有能力真的能完成才行。

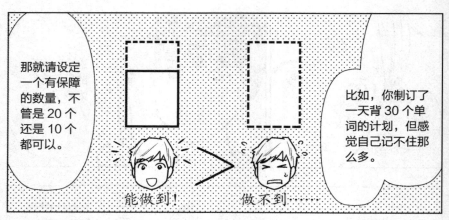

那就请设定一个有保障的数量，不管是 20 个还是 10 个都可以。

比如，你制订了一天背 30 个单词的计划，但感觉自己记不住那么多。

能做到！ ＞ 做不到…

原来是这样啊！

比如感冒了或者临时有其他事情，都可以随机应变的，时间表只是一个参考标准而已。

当然可以！

时间表可以修改吗？

使用计时器，设定 15 分钟。

这时候可以小睡 15 分钟，效果很好的。

还有一个建议，很多人虽然想努力学习，有时候却困得不行。

与其勉强继续学习，不如小睡片刻，张弛有度。

果然！

是的，刚才我就睡着了。

这样很快就能切换回学习模式了。

醒了以后，我第一个就要见你哦！

另外，最好能在小睡之前确定醒来后要做的第一个题目。

阿树！

呃……只能睡15分钟啊？

时间再长就进入深度睡眠了，很难醒来。

表扬自己?

请每天至少表扬自己一次!

最后……

目标

就好像在攀登一座很险峻的山峰。

中考应试复习的范围特别广，所以会比较费时间。

即使非常努力，成绩也很难立刻提高。

好像是这样啊！

这时候就容易怀疑自己，陷入消极情绪。

所以要在睡前表扬今天的自己，

任何小事情都可以。

这样一定能让自己产生积极的情绪。

学习一直不顺利……

我很沮丧。

我感觉轻松了好多！

谢谢叶一老师。

我真的很想在庆早高中踢足球！

我会不断表扬自己，全力以赴地学习！

是！

应试学习是个漫长的过程，别着急，根据实际情况调整好时间表，再开始努力学习！

一定要加油，考上庆早高中！

嗯！

阿树好帅啊！

这次肯定没问题了!

阿树的学习积极性很高呀!

嗯?叶一老师?

......

叶一老师......

从那天开始,叶一老师再也没有出现在我的面前。

叶一老师......

179

只要我认真学习了，这些题对我来说都是小事一桩。

嘿嘿嘿。

我、龙也和阿树才能每天都坚持居家学习。

多亏了叶一老师……

"某个男人在试着讲课"频道更新了。

叶一老师突然消失后的第二天……

那天他突然消失了，我很担心……现在看起来应该没事，太好了！

理科

也许是心理作用……

是不是我已经知道该如何学习了？

我感觉最近的视频比以前更容易理解了……

还是……

接下来开始今天的录制吧！

181

孩子们都很敏锐啊，能感受到我的变化。

最近的讲课我很喜欢。

您消失了一段时间，真让人担心，现在看来是"满血"回归啦！

我先看看大家的评论。

那次经历还是挺不错的……

其实……

这次肯定没问题了！

阿树的学习积极性很高呀！

嗯？

呜哇啊啊啊……

叶一老师？

182

到底是怎么回事……

哇，太好了！

嗯？

我回来了？

网络防沉迷系统

真是多管闲事……

"上网合计时间超过×小时，会自动启动对人交流系统"……

原……原来如此啊……

这个东西在我的电脑里？！

这……

啊……

网络防沉迷系统

过度迷恋网络，你会忘记现实世界中的温情。

上网合计时间超过×小时，会自动启动对人交流系统……